Bairn Rhymes

J K ANNAND (1908-1993) was born in Edinburgh. He was the author of several volumes of poetry, among them the three books of verse for children—*Sing it Aince for Pleisure, Twice for Joy* and *Thrice to Show Ye*—which are collected in *Bairn Rhymes*.

BAIRN RHYMES

J. K. Annand

With illustrations by
Dennis Carabine

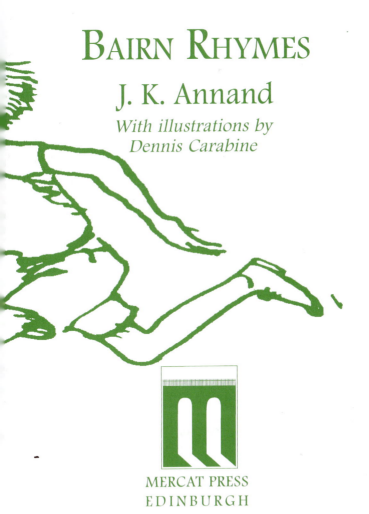

MERCAT PRESS
EDINBURGH

First published 1989 by Macdonald Publishers as
A Wale o Rhymes
Reprinted 1998, 1999, 2003, 2006 by Mercat Press
10 Coates Crescent, Edinburgh EH3 7AL

ISBN-13: 978-1-873644-85-0
ISBN-10: 1873644 85X

Typeset in Footlight MT Light at Mercat Press
Printed and bound in Great Britain by
Bell & Bain Ltd, Glasgow

CONTENTS

FOR THE WEE ANES

Kittley 11
Countin Rhyme 12
On Grandpa's Knee 4
Roguey Poguey 5
Visitors 6
A Finger Game 7

GAMES

Skippin Sang 10
Bus Queue 11
Donkey Ride 12
Conkers 13
Heilant Games 14
Skatin 15
Snawman 16
Dressin up 17
Collie-Backie 18

BEASTS

Dog Show 20
My Doggie 21
Camel 22
Elephant 23
Giraffe 24
Hippopotamus 25
Rhinoceros 26
Zebra 27
Hurcheon 28
Nessie 29
Crocodile 30
Fur Coats 31
Cat and Mous 32
Broun Bears 33
The Tod 34
My Sheltie 35
My Cuddie 36
Bumbees 37

❋~4~❋
BIRDS

Heron 40
Houlet 41
Choukie-Hen 42
Robin Reidbreist 43
Laverock 44
Tammie Tit 45
Stirlins 46
Blackie 47
Mavis 48
Craws 49
Jaikies 50
Teenie Tit 51
Swallie 52
Swan 53
Sea-Maws 54
Tammie Norie 55

❋~5~❋
FOLK

Conductress 58
Doctor 59
Dentist 60
Polis 61
Night Watchman 62
Lollipop Man 63
Postie 64
Scaffie 65
Snab 66
Soops 67
Tattie Howker 68
One-Man Band 69
Spaceman 70
Auld Farrant 71

Auld Grannie Docherty 72
Ingan Johnie 73

❋~6~❋
SPECIAL DAYS

Shrove Tuesday 76
Easter Egg 77
Yule 78
Halloween 79
Doukin 80
Holidays 81

❋~7~❋
ORRA PLOYS

Fishin Boat 84
Cup o Tea 85
Slaister 86
Circus 87
The Gowk 88
Jack Frost (1) 89
Jack Frost (2) 90
Twa-leggit Mice 91
The Clype 92
My Bike 93
Helter-Skelter 94
Doukin 95
Puddock-Stuils 96
Daisies 97
Mince and Tatties 98
Grannie's Scooter 99
Bruckle Banes 100
Nocks 101
The Thrissle 102
Street Talk 103

1

FOR THE WEE ANES

KITTLEY

Kittle your chin
To keep it in.
Kittle your kist
To gar ye twist.
Kittle your kyte
For your delyte.
Kittle your knee
For devilrie.
And kittle your fute
To feenish it.

COUNTIN RHYME

Ane, twae,
Kittle your tae.
Three, fower,
Caa ye owre.
Five, sax,
Gie ye whacks.
Sevin, echt,
Stand up strecht.
Nine, ten,
That's aa I ken.

ON GRANDPA'S KNEE

Grandpa, Grandpa,
Diddle me on your knee.
I'm your diddley-dumplin
Swingin on a swee.

Sing a bonnie ballant
O pownies black and broun,
Shoggle me frae side to side
Syne shoggle up and doun.

Grandpa's knee's a cannie naig
Jouglin owre the muir
And I'm a braw wee leddy
Ridin to the Fair.

ROGUEY POGUEY

Roguey poguey
Pickety peel
My sister is
A richt wee deil.

She nips my lugs
And rugs my hair,
Scatters my toys
Aa owre the flair.

She lauchs and thinks
It is great fun
But then her age
Is only ONE.

VISITORS
(*A finger game*)

A houlet and a heron,
A pyot and a kae
Cam to first-fit me
Aince upon a day.
The houlet juist gowped,
The kae gled me gab.
The pyot ryped my poke,
And the heron played—DAB!

A FINGER GAME

Five wee birdies sittin on a dyke.
Ane gaed to Penicuik to buy a motor bike.

Fower wee birdies sittin in a raw.
Ane flew to Jeddart Toun to see the Hand-baa.

Three wee birdies sittin in a line.
Twa sat on and ane gaed to dine.

Twa wee birdies sittin on a stane.
Ane took the huff and then there was ane.

Ae wee birdie sittin aa his lane.
Gangs awa at bedtime and noo there are nane.

2

GAMES

SKIPPIN SANG

In comes Nannie
Jines wee Annie
Bides wi her Grannie
And Annie lowps oot.

In comes Sammy
Greetin for his mammy,
Drives his mammy balmy
Withouten ony dout.

In comes Maisie
Fresh as a daisy
Canna say she's lazy,
Kittle as a cowt.

In comes Jenny
Lookin for her hennie,
Bocht it for a penny
Doun in the Plowt.

BUS QUEUE

Waitin for the bus
A wifie made a fuss.

Said it wasna fair
To keep us standin there.

Seemed to think she spoke
For aa the ither folk.

Ach, we didna care
Hou lang we waited there.

We played the game 'I spy'
And time fair stottit by.

We wadna get the blame
If the schule bus never came.

DONKEY RIDE

The day we had a picnic
Aside the Firth o Clyde
I hired mysel a cuddy
To tak me for a ride.

I said, 'Gee-up my cuddy!'
I slapped him wi my hand.
The cuddy loutit doun
And cowpt me on the sand.

Ye can keep your cuddy,
Ye can keep your ride,
I'm stickin to the motor
Wi Daddy by my side.

CONKERS

We're for the laird's wuid,
Geordie speels the tree,
Shakes aa the conkers
Doun on me.

Big broun conkers
Strung for the fray,
Caa aa the neibors
Oot to play.

Jock's is ane the conqueror,
Geordie's conquered twa,
But my big conker is
The billy o them aa.

13

HEILANT GAMES

I entered for the Hielant Games
But couldna rin for toffee,
I tummelt in the lowpin-pit,
My caber toss was awfu!

I wish I were a mountain hare—
I'd be the fastest sprinter there.

I wish I were a kangaroo—
I'd lowp frae here to Timbuctoo.

I wish I were an Ayrshire bull—
I'd toss them to the Isle of Mull.

Gif I'd the talent o the three,
Sic a Champion I wad be!

SKATIN

Skatin on the ice
I tummelt aince or twice.
I gaed hame feelin glum
Wi bruises on my bum.

The neist time I did weel
I kinna got the feel
O skates upon my feet
And skated round a treat.

And noo I gie it licks
Wi lots o fancy tricks.
I glide and dance and twirl
And lowp and twist and birl.

SNAWMAN

We soopit and we shovelled
And made a man o snaw
Wi chuckie stanes for buttons
For een and neb ana.

We gied him Geordie's gravat
And Grandpa's auld lum hat,
We even borrowed Faither's pipe
—Did he no girn at that!

And ilka ane that saw him
Declared that he looked braw.
But och! the thowe cam far owre quick
And meltit him awa.

DRESSIN UP

We've a kist up in the garret
Fou o auld claes.
There we play at dressin up
On dreary wat days.

A lum hat, a black coat
Wi claw-hemmer tails,
A pair o lace curtains
A wheen auld veils.

Jean will act the meenister,
I will be the bride,
And Geordie in his lum hat
Will merch by my side.

COLLIE-BACKIE

Collie-backie, collie-beck,
Haud on ticht around my neck.

Collie-backie, collie-diddle,
Grup your legs about my middle.

Collie-backie, collie-duddie,
Ye're the horseman, I'm the cuddie.

Cry 'Gee hup!' and aff we trot
Wi a clip and a clop and a rot-tot-tot.

Collie-backie, collie-buckie,
Wi sic a horse are ye no lucky?

3
BEASTS

DOG SHOW

Look at aa thae Poodle dugs
Wi curly hair and floppy lugs
And Yorkies wi their ribboned hair
That snowk at ye wi snooty air.

Pekinese that yap-yap-yap,
Fit only for my leddy's lap,
Big Bulldugs and growlin Pugs
Wi slaverin tongues and ugly mugs.

Dugs in orra shapes and sizes
Competin for the cups and prizes;
There's nane amang them that I like
As weel's my ain wee tousie tyke.

MY DOGGIE

My wee doggie
Does lots of tricks,
Fetches the paper,
Brings back sticks,
Chases aa the craws
That steal the hen's feed,
Lowps through a gird,
Kids he's deid,
Sits on his hunkers,
Gies a paw,
Then he gets
A bane to gnaw.

CAMEL

The camel has a humphy back
  And umbrella feet.
He gangs for days without a drink
  And whiles he doesna eat.

I wadna like to wander owre
  The desert's burnin sands
Humphin Arab merchandise
  To folk in fremit lands.

And when I want a jeely piece
  I'd feel an awfu sumph
Gif Mither was to answer me,
  'Awa and eat your humph!'

ELEPHANT

The elephant's a funny beast,
A tail at either end,
Twa teeth as lang as barbers' poles,
Nae waist—he canna bend!

When nae wind blaws to cool the beasts
Upon the birselt plain,
The elephant juist flaffs his lugs
And starts a hurricane.

The elephant's a cannie beast,
He wadna hurt a flie.
I think I'll write a letter and
Invite him til his tea.

GIRAFFE

I'm gaun to knit a gravat
For Jamie the Giraffe
I'll mak it fully twal fute lang
By twa fute and a hauf

I'll hae to get some besom shanks
For knittin-pins, I doot;
A hunder hanks o oo, or mair,
I'll need to raivel oot.

He'll hap my gravat roond his craig
To bield him frae the cauld
Until I mak anither ane
When this ane's worn and auld.

HIPPOPOTAMUS

The Hippo-pippo-potamus
Likes sprauchlin in the glaur,
Maks sic a soss and slaister
As I wad never daur.

The Hippo-pippo-potamus
Wad drive my mither gyte
But Missis Hippopotamus
Wad never think to flyte.

But if I plowtered in the glaur
And cam hame black's the lum
I'd get an awfu tellin-aff
As weel's a skelpit bum.

RHINOCEROS

O it wad be a fashious thing
To wauken up the morn
And finnd I had upon my neb
A muckle hairy horn.

And yet the puir rhinoceros
That bides in Africay
Maun thole a horn upon his neb
On ilk and every day.

I sweir that I wad think it was
A sin and a disgrace
To hae a muckle hairy horn
In sic an awkward place.

ZEBRA

In winter time when it was dark
A pownie gaed to Hampden Park.
His coat was wearin thin and auld,
Nae wunder he was feelin cauld.

He saw some washin on the line
And shouted, 'This will dae me fine.'
He streekit owre his heid and back
A jersey strippit white and black
And lookin like a fitba player
Lowpt like a rocket through the air,
And when he landit back frae Space
Foundit the African zebra race.

HURCHEON

Hurcheon, hurcheon,
Huntin in the gloamin,
Snowkin in the hedge-fute,
Never dune roamin.

Slugs ye think a tasty bite,
Beetles quite a treat,
Rotten eggs are kitchen to
The orra things ye eat.

Naebody can meddle ye
Until he learns the knack
O joukin aa thae jaggy spikes
Ye growe upon your back.

NESSIE

Nessie the Loch Ness Monster
Wad seem to be gey blate,
And doesna like the scientist chiels
That come, and sit, and wait.

But gif ye want to see her
Pretend ye dinna care,
Keek oot the corner o your ee
Ye'll see her soomin there.

She'll wiggle-humphie-waggle,
She'll goggle wi her een,
Syne disappear ablow the loch
Like she had never been.

CROCODILE

When doukin in the River Nile
I met a muckle crocodile.
He flicked his tail, he blinked his ee,
Syne bared his ugsome teeth at me.

Says I, 'I never saw the like.
Cleanin your teeth maun be a fyke!
What sort of besom do ye hae
To brush a set o teeth like thae?'

The crocodile said, 'Nane ava.
I never brush my teeth at aa!
A wee bird redds them up, ye see,
And saves me monie a dentist's fee.'

FUR COATS

Said the whitrick to the stoat,
'I see ye've on your winter coat.
I dinna see the sense ava!
Ye're shairly no expectin snaw?'

To the whitrick said the stoat,
'At least it's mair nor you hae got.
I'm gled I dinna hae to wear
The same auld coat throughout the year.'

Said the whitrick to the stoat,
'I wadna mak owre muckle o't.
While nane will covet my auld coat
Your ermine fur wi tip o black
Will aiblins cleed a Provost's back.'

CAT AND MOUS

Said the poussie
Til the mousie,
'Let me intil
Your wee housie.
We will play
And we will sing
And we will dance
A jingo-ring.'

Said the mousie
Til the poussie,
'Ye'll no get
In my wee housie.
Ye are big
And I am wee
And ye wad eat me
For your tea.'

BROUN BEARS

When Daddy taks us to the Zoo
We've lots o beasts to see,
The Elephant and Crocodile
The Lion and Chimpanzee.

But I like best when Mammie Bear
Sits up and speirs a bun
And Baby Bear rins here and there
Juist fou o ploys and fun.

I wish they'd let me tak him hame
When for my bed I'm ready,
But seein I'll no can hug a bear
I'll cuddle my wee Teddy.

THE TOD

The slee tod cam to the ferm toun
Ae simmer nicht, ae simmer nicht,
And said to himsel as he snowked the air,
'There's gaislins there, there's gaislins there.'

He slippit by the wee cot-hoose
Where aa slept crouse, where aa slept crouse,
He won the shed where the gaislins bide
And gaed inside, and gaed inside.

He waled oot ane o middle size,
A bonnie prize, a bonnie prize,
He grippit it ablow the heid
And kilt it deid, and kilt it deid.

He aff for hame by the muirland track,
Bird on back, bird on back,
Bringin for his bairns' delyte,
A tasty bite, a tasty bite.

MY SHELTIE

Big Sandie has a motor bike
And Jock a pedal ane
Sae they can race alang the roads
And mak an unco din.

But I've a braw wee sheltie
That's big eneuch for me.
He lets me ride upon his back
For aa the warld to see.

I whustle til him in his park;
He greets me at the dyke.
But ye'll never get a cuddle frae
A rusty iron bike.

MY CUDDIE

Hey Jock my cuddie,
My cuddie's owre the dyke,
And gif ye kent my cuddie
Ye'd say he was a fyke.

He nichers for his brekfast,
He nichers for his tea,
He gobbles up a loaf
As quick as quick can be.

He winna eat my hey,
He winna eat my strae,
But gie'm a sugar lump
And he pesters me aa day.

BUMBEES

As I gaed doun
The stackyaird dyke
I stuck a stick
In a bumbee's byke.

Sic a stishie
Sic a steer,
Sic a bizzin
Did I hear.

I got a stang
Frae a big bumbee,
And jings! that stang was sair.
Never will I
Herrie a byke
Gif I leeve for evermair.

4

BIRDS

HERON

A humphy-backit heron
Nearly as big as me
Stands at the waterside
Fishin for his tea.
His skinnie-ma-linkie lang legs
Juist like reeds
Cheats aa the puddocks
Soomin 'mang the weeds.
Here's ane comin,
Grup it by the leg!
It sticks in his thrapple
Then slides doun his craig.
Neist comes a rottan,
A rottan soomin past,
Oot gangs the lang neb
And has the rottan fast.
He jabs it, he stabs it,
Sune it's in his wame,
Flip-flap in the air
Heron flees hame.

HOULET

The houlet has the whoopin cough,
  Whoop, whoop, whoopin!
Whoopin up and whoopin doun,
Whoopin throu the ferm toun,
Wauknin ilka lass and loun,
  Whoop, whoop, whoopin.

Houlet wi the whoopin cough,
  Whoop, whoop, whoopin.
Dae your whoopin by and by!
Be like ither birds and try
To haud your wheesht and let me lie
  Sleep, sleep, sleepin.

CHOUKIE-HEN

Choukie-hen, choukie-hen,
Ye're the daftest bird I ken,
Scartin here, scartin there,
Scartin caff aa owre the flair,
Scartin till your taes are sair
    Aye scart-scartin.

Choukie-hen, choukie-hen,
Scartin but, scartin ben,
Stealin frae the corn tubs,
Seekin worms, seekin grubs,
Slaisterin in the clarty dubs,
    And aye scart-scartin.

ROBIN REIDBREIST

Robin, Robin Reidbreist,
Happin on a brier,
Oot amang the snaw and ice,
While I sit by the fire.
Tell me in your bonnie sang,
That ye're my frien sae true,
And I shall gie ye meat and drink
The hail winter throu.

LAVEROCK

Laverock, laverock,
Liltin in the lift,
Singin like a lintie
On a dooble shift,
Never stop a meenit,
Never oot o puff,
Soarin like a jet-plane
Aff to dae its stuff,
Mind ye dinna rush awa
Up high wi sic a speed
Ye dunt your heid agin the sun
And faa doun deid.

TAMMIE TIT

Tammie Tit, Tammie Tit,
Come and pree our cokynit.
The speugs and stirlins owre there
Can eat the breid and siclike fare
But ye're our favourite bird and sae
We bring ye denties ilka day.
We fill the shell wi denty bits,
Eneuch to feed a dizzen tits.
There's nits and fat and cheese and seeds
And aathing that an oxee needs,
Sae come and see us, gif ye please,
And while ye're swingin in the breeze
Juist pyke awa and eat your share
And come again the morn for mair.

STIRLINS

Stirlins in the gairden,
  Stirlins in the street,
Aye a lot a stirlins
  Be it fair or weet.
Whiles they're droukit,
  Whiles they're braw,
Whiles like sodgers
  Mairchin in a raw.
Whiles like scaffies
  Gobblin up aa,
Sic a lot o greedy-guts
  I never saw.

BLACKIE

Mammie's pet Blackie
Comes richt in the hous,
Settles in the kitchen
And whustles clear and crouse.
    'Gie's cheese,
    Gif ye please!
    Stale breed'll feed
    The speugs
    And dugs,
    But I'm Mammie's pet!
    Sae gie's cheese!
    Please!'

MAVIS

Mavis, mavis
   Rinnin owre the gress,
Cock your lug, gie a tug,
   Ae worm less!

Sing a sang at dawnin
   On the highest tree,
Sing again at gloamin
   A bonnie wee sang for me.

Sing it aince for pleasure,
   Sing it twice for joy,
Sing it thrice to shaw us
   That ye're the clever wee boy.

CRAWS

Caw, caw,
Black craw,
Gang awa
To Elm Raw.
Stop your capers, stop your tricks,
Buckle to and gether sticks.
Wale them wisely, wale the best,
Nou's the time to big your nest.
Big it in an elm tree,
Whar the wind'll gar it swee.
Big it snodly, like a creel,
And gar your gorbies sleep weel.

JAIKIES

Jaikie, Jaikie,
Croak, Croak,
Dinna wauken
Wee folk.

Owre the gable
O the stable.
  'Kee-uk, kee-uk!'
Play at tig
Alang the rig.
  'Kee-uk, kee-uk!'

Hirple up the craw-steps,
  Keek doun the lum,
But dinna fyle the chimley-heid
  Or Santa winna come.

TEENIE TIT

Wee Teenie Tit
Hings wi ae fit,
  Nitter natter,
  Nitter natter,
Nibblin at a nit.

'Gie's a bit o bacon,
See's a dad o fat.
  I'll shaw ye
  Bonnier henners
Nor onie acrobat.'

SWALLIE

Swallie, swallie,
Fleein throu the air,
Catchin flees and midges
And siclike denty fare,
Joukin by the kirk spire
Wi scarce an inch to spare
Or skimmin owre the water
To hunt the insects there,
Dart up to your mud-hous,
Hover in the air,
Fill your bairnies' gapin gabs
And dash awa for mair.

SWAN

The swan is sic a bonnie bird
Wi feathers white as snaw
That fluff to sail across the loch
When gentle breezes blaw.

I like to see it cock its tail
And stand upon its heid
When seekin for its favourite food
The tasty water-weed.

And when it's fleein in the air
On noisy flappin wings
There's only ae thing wrang wi it—
The Mute Swan never sings.

SEA-MAWS

Look doun the herbour brae,
The fishin boats are in.
I canna hear mysel
For sea-maws and their din.

Fermers fleg the doos,
Keepers shute the craws,
But fisherfolk are aye
Rale pleased to see the maws.

Never mind the craws
The doos and the daws,
There's aye fish-guts
For our sea-maws.

TAMMIE NORIE

Tammie Norie o the Bass
Scutterin whan the steamers pass,
Ye've sic a job to rise and flee,
Gangin scliff-sclaff owre the sea,
Flaffin feet and flauchterin feather,
Trying aa thing aa thegither.

Ashore ye are a droichle droll,
Walkin wi your sailor roll.
Your heid, it looks a wee thing dentit,
Your neb's a buckie that's been pentit,
Your feet's the colour o a carrot,
Ye're hauf a penguin, half a parrot.

There's no a bird in aa the Zoo
That's hauf sae comical as you.

5

FOLK

CONDUCTRESS

When I growe up and leave the schule
I winna work in onie mill
But stick to my ambition still
And be a bus conductress.

Twa inside,
Fower up the stair.
That'll dae noo,
I daurna tak mair.
Haud on ticht.
Ring-ting-ting.
Move up the bus.
That's the very thing.
Thripence to the circus,
Fowerpence to the zoo,
Hae your fares ready
And I'll thank you.

DOCTOR

Up drives the doctor
  In his big car,
Comes ben the room
  And speirs hoo ye are.

'Stick oot your tongue.
  Cough. Say ninety-nine.
Let me feel your pulse.
  Hen, ye're daein fine.

'Orange juice for denner.
  At tea-time, same again.
An aspirin for supper
  And ye'll be richt as rain.'

DENTIST

I'm gaun to see the dentist
And sit upon his chair;
He'll twiddle wi his fancy knobs
And raise me in the air.

He's lots o orra nick-nacks
And water coloured pink
That I can hae to synd my mou
Syne skoosh intil his sink.

And gif I'm unco lucky
He'll dae me up in style
Sae I'll can show a gowden tuith
That sparkles when I smile.

POLIS

It's great to be a polis,
A muckle strappin polis,
   And stride upon my beat.

The Shoat cries, 'The Polis'
To gamblers and to goalies
   When I come up the street.

When we're the traffic polis,
Motorists hae to thole us
   And draw up unco quick.

And gif the motor stole is,
We lift them holus bolus
   And pit them in the nick.

61

NIGHT WATCHMAN

I've seen to aa my lamps.
  The tools are laid by snod.
Sae I stoke up my fire
  By the hole in the road.

Come and gie's your crack,
  Warm your hands a wee.
I like the bairns to watch
  Me mak my can o tea.

It's lanesome watchin holes
  Until the day comes in
Wi nocht for company
  But a fire and the mune.

LOLLIPOP MAN

Lollipop man
Lollipop man
Tak me owre
As safe as ye can.
Motors are bizzin
Like bees frae a byke,
There's hunders o thousands
I ne'er saw the like,
Sae tak me owre
As safe as ye can
Lollipop man
Lollipop man.

POSTIE

Oh I'm a country postman and
  Gang roond the countryside
Deliverin your letters
  Nae maitter whar ye bide.

Ilka bodie welcomes me
  When I come on my bike.
Fermer, shepherd, plooman,
  Collie dug and tyke.

I bring ye news frae Canada,
  Frae Broxburn or Dundee,
A postcard frae the seaside
  Or an invite to your tea.

SCAFFIE

A grand job a scaffie
  Reddin up the Toun,
Soop up the gutter,
  Syne soop doun.
Gang wi the motor
  To gether up the bins,
Rake throu the rubbish
  And pooch the usefu things.
Lift up a bucket,
  Dunt it, gar it dirl,
Drap it on the causeys
  And lowp on for a hurl.

SNAB

Come ben the back shop
　And watch the auld snab
Lift a pickle nails
　Then stap them in his gab.
Tak them ane by ane
　To hemmer in a heel,
Trim it, and file it,
　And buff it on the wheel,
Finish aff wi tackets
　Driven hame true,
And there's your auld bauchles
　Juist as gude as new.

SOOPS

Juist send for us and we sall come
And soop your dirty reeky lum.
I sclim up on the chimley stack
My ropes and besom on my back,
Wale oot a lum and cry 'Bee-hee,'
Then cock my lug and wait and see
Gif onie body answers me.
'Bee-hee' comes back, and doun I pit
My besom wi the wecht on it.
I drap it doun, and rug it up
Till aa the soot has tint its grup,
And rattles doun intil the cloot
My pairtner at the grate spreads oot.
Syne aff we gang, a clarty pair,
Leavin oor fute-prints on the stair.

TATTIE HOWKER

Wha saw the tattie howker,
Wha saw him gang awa
Happit up in duffel jaiket
Rubber buits and gloves ana?

My, but he was lookin happy,
Cheerier loun ye never saw,
Extra holiday frae schule,
A workin man juist like his Paw.

Wha saw the tattie howker
Comin hame at five o'clock?
Glaurie buits and achin back
But jinglin siller in his poke.

Fifty pence to see the picturs,
Fifty pence to gie his Maw,
Fifty pence spent in the Tally's
—That's his siller clean awa.

ONE-MAN BAND

Clash gang the cymbals,
Bang gaes the drum!
Aa the bairns come rinnin for
The ae-man band has come.

He wheeples on his whustle,
He gars his drum-sticks whirl,
And when he clangs his cymbals, then
Your lugs will fairly dirl.

And gif we speir him kindly
To play a jingo-ring
He'll gar his music fit the words
O onie sang we sing.

SPACEMAN

I think I'll be a spaceman
And trevel to the mune
To poke aboot the craters
And see what I can fin'.

They say it's fou o diamonds,
Gowd and siller ore;
I'll lade them in my spaceship
Till I hae quite a store.

Then I'll come hame a rich man
And dander up the street
Noddin my fancy helmet
To ilka sowl I meet.

70

AULD FARRANT

My grannie's grannie
Was an auld-farrant sowl,
She liked to sup her tea
In a blue cheenie bowl,
She spreid her breid wi thoumie
(That's buttered wi her thoum)
When knifes were kept for Sundays
And tea taen ben the room.
She'd parritch for her brekfast,
At denner-time she'd kail,
Her tea was cheese and bannocks
And supper brose and yill.

My grannie says her grannie
Kent monie a tale and rhyme
That noo my grannie tells
To me at my bedtime.
I always like to veesit
My grannie at her hame
For if there werena grannies
Life wadna be the same.

AULD GRANNIE DOCHERTY

Auld Grannie Docherty
Likes to dover owre,
Sweein in her rockin-chair
Aside a cheery fire.

Specs up on her fore-heid
Paper on her lap,
Snorin like a grampus
She taks her daily nap.

Kettle hotterin on the hob
Waiting for a wee
To mak Auld Grannie Docherty
A welcome cup o tea.

INGAN JOHNIE

Upon my word, upon my soul,
Ingan Johnie, whar's your pole?

'Pole auld-fashioned, me no like,
Cairry ingans on ze bike.
Bike far quicker gettin roun
Aa ze houses in ze toun.'

Ingan Johnie, tell me true,
Will your ingans mak a stew?

'Ingans vera good for stew,
Vera good for fryin too.
You buy ingans good to eat,
Mak ze denner taste a treat.'

6

SPECIAL DAYS

SHROVE TUESDAY

I tried my hand at pancakes
And entered for the race.
I doutit if I'd come in first,
But hoped to win a place.

I made the batter in a bowl
And cooked it in a pan,
I practised tossin in the air
And catchin as I ran.

Shrove Tuesday cam, but sad to say
I didna win the race,
For when I tossed my pancake up
It landit on my face.

EASTER EGG

I've got a smashin Easter egg,
The brightest ye hae seen.
I'll tak it to the Queen's Park
And rowe it on the green.

I'll race it 'gainst the ither eggs
And tumble doun the brae—
I warrant we'se hae lots of fun
And ploys on Easter Day.

And when I'm tired o rinnin up
And doun I'll rest a wee—
And gif my egg's no tasht to bits
I'll eat it for my tea!

YULE

I'm gaun to hing a stockin up,
   I'll borrow my big brither's,
It's bigger nor my sister's ane
   And strang-er nor my mither's.

I'll be in bed on Yule E'en
   When Faither Christmas comes.
I ken he'll wale oor chimley oot
   Amang the ither lums.

On Yule richt early I'll be up
   Afore the screich o day
To see what ferlies Santa Claus
   Has brocht me for my play.

I hope he'll mind a cuddly bear,
   And cups for dolly's tea
Wi lots o ither bonnie toys
   For a guid wee lass like me.

HALLOWEEN

First comes the kirn-feast,
  Neist Halloween.
I got mysel a muckle neep
  Frae Fermer Broun yestreen.

I'll hollow oot the inside,
  Mak flegsome een and mou,
Pit in a lichtit caunle
  To gie them aa a grue.

We're ready noo for guisin
  And aa the friendly folk
Gie apples, nits and siller
  To fill the guiser's poke.

We'll feenish up at my hoose
  Doukin in a byne
And eatin champit tatties
  Like auld lang syne.

DOUKIN

The wee anes sclim upon a chair
Nou doukin time is here,
Grup a fork atween their teeth
And aim it like a spear.

Nou I'm as big as Geordie
I winna need a chair
But catch the aipples wi my teeth
When kneelin on the flair.

And I will be fair droukit
But jings! I winna greet
For naebody will flyte at me
Because I'm soakin weet.

HOLIDAYS

As I gang up the Castlehill
The bairns are skailin frae the schule.
Some look neat and some look tykes,
Some on fute and some on bikes,
Some are trystit by their mithers,
Ithers cleekit wi their brithers,
Some hae bags and some hae cases
But aa hae smiles upon their faces
For noo the holidays begin
And lessons for a while are dune.
It's nocht but fun and games aa day,
Nae mair work, but lots o play
Until neist year the schule-bell caas
Them back to the Maister and his tawse.

7

ORRA PLOYS

FISHIN BOAT

Jings I'm wishin
They'd tak me to the fishin.

Gif I catcht a haddie
I'd fry it for my daddy.

Gif I catcht anither
I'd cook it for my mither.

Gif I catcht three
We'd aa hae fish for tea.

CUP O TEA

My Mither yaises tea-bags
To mak a pot o tea.
They dinna mak a slaister
When pourin out the bree.

But Grannie yaises tea-leafs when
She entertains a frien.
She keeps them in a caddy wi
A likeness o the Queen.

And aye afore she pours your tea
She'll steer the tea-leafs up
—She canna spae your fortune wi
Nae tea-leafs in your cup.

SLAISTER

Mum cries me a slaister,
Says naethin could be waur
Nor mellin sand and water
And slaisterin in the glaur.

When I'm aa glaur and slaistert
And clarty as a tink
Mum maks a graith o soap suds
And plops me in the sink.

Syne when I'm washed and tidied
And clean as clean can be
My Mum gies me a cuddle
And maks me chips for tea.

CIRCUS

The circus cam to our toun
And settled on the Green;
They heistit up the biggest tent
That I hae ever seen.

And there for twa-and-saxpence
He let me in to see
Some acrobats up in the ruif
Dae henners on a swee.

Pownies danced the cha-cha,
Monkeys rade on bikes,
They even had a fitba match
For teams o mongerel tykes.

The best turn in the circus was
The clown in baggy breeks
That gart me lauch until the tears
Cam rinnin doun my cheeks.

THE GOWK

I met a gowk frae Penicuik
Wha thocht he was a bird;
The wey he flaffed and cried 'Cuckoo'
He lookit fair absurd.

Whit wey he thinks he is a bird
I haena got a clue
But tho he's no a feathered gowk
There's nae dout he's cuckoo.

Note: Penicuik means the hill of the gowk or cuckoo. Gowk
also means a fool.

JACK FROST (1)

Come gie a cheer
Jack Frost is here!

Lang may he bide
This wintertide.

Sune lochs will bear
And we'll be there

To slide and skate
Baith air and late.

Sae gie a cheer
Jack Frost is here!

JACK FROST (2)

Jack Frost
Get lost!

I feel the cauld
Nou that I'm auld.

Cauld maks me seik,
Banes grane and creak.

My neb turns blae
My fingers tae.

Get lost
Jack Frost!

TWA-LEGGIT MICE

My mither says that we hae mice
That open air-ticht tins
And eat her chocolate biscuits
And cakes and siclike things.

Nae doubt it is an awfu shame
That mice should get the blame.
It's really me that rypes the tins
When left my lane at hame.

But jings! I get fair hungert
And biscuits taste sae nice.
But dinna tell my mither for
She thinks it is the mice.

THE CLYPE

Jennie tellt my mammie
That I got a palmie,
That I got a palmie,
At the schule the day
For fidgettin and fykin.
It wisna to my likin
And naither was the extra darg
That kept me frae my play.

Gif Jennie hadna clypit
I wadna been near flypit
When mither turned and flytit me
Juist like I was a dug.
Affrontit that her John
Should misbehave like thon
She gaed clean aff the handle syne
And bat me on the lug.

MY BIKE

Tammie on his motor-bike
Faither in his car,
Skelpin throu the kintraside
Trevellin near and far.

But they can keep their motors,
For speed I've never cared,
And I can get as muckle fun
Juist pedallin roun the yaird.

HELTER-SKELTER

Up the lang lether,
Oot the wee door,
Dowp upon the mat
Ready for a splore.

Cannie for a stert,
Tak things easy.
Gang owre fast
And ye'll feel queasy.

Wheegh roun and roun
Getting in a pelter,
Feenish wi a dunt—
That's the helter skelter!

DOUKIN

Doukin in a burn
Doukin in the sea
In sunny simmer wather
That's the ploy for me.

Clear caller water
Tummlin owre a linn
Gies a fissly feelin
Stottin aff my skin.

Soomin in saut water
When waves are rinnin hie,
I am a bonnie fechter
Conquerin the sea.

PUDDOCK~STUILS

Gif ye should dander up the burn
In by the Birkenshaw
Ye'll see some braw wee puddock~stuils
Standin in a raw.

Gif ye gang there in braid daylicht
There's naethin to be seen
But juist a wheen o puddock~stuils
A~growein on the green.

But in the morning early there's
A sicht to gar ye gowp:
A company o wee fowk
Are playin cuddy~lowp.

DAISIES

Daddy kills the daisies
Growin in his gress,
Says they're only nesty weeds
That mak his lawn a mess.

Oh if I had a teenie lawn
That was my very ain
I wad let lots o daisies growe
And mak a daisy chain.

MINCE AND TATTIES

I dinna like hail tatties
Pit on my plate o mince
For when I tak my denner
I eat them baith at yince.

Sae mash and mix the tatties
Wi mince into the mashin,
And sic a tasty denner
Will aye be voted 'Smashin!'

GRANNIE'S SCOOTER

Grandpa drives to mercat
The wey he always gaed.
He wadna swap his pownie
For the brawest motor made.

But Grannie says the pownie
Is auld, and had his day,
As mounted on her scooter
She's stourin doun the brae.

BRUCKLE BANES

When folk are curst wi bruckle banes
It isna vera nice
They're geylies shuir to brek a limb
Throu skytin on the ice.

Bennie wi the bruckle banes
Fell and brak a leg
And when he fand he couldna rise
It gied him sic a fleg.

They happt his leg in plaister
Afore they hurled him hame
And nou his leg is juist the place
For you to sign your name.

NOCKS

'Tick tock'
Says Grandpa's nock,
'Tak your time
Like dacent folk.'

'Tickety-tock
Tickety-tock.'
That's the tune
O the new wee nock.
'I micht be wee
And hae nae chimes
But I move wi speed
Thir modern times.'

'Tick tock'
Says Grandpa's nock,
'I ken I'm slaw
And ye hae speed
But I'll chap on
When ye'll be deid.'

THE THRISSLE

The thrissle is auld Scotland's flouer,
The emblem o our land
On rocky shore, in fertile field
It proudly taks its stand.

A braw reid toorie crouns its heid.
The spears on ilka ieaf
Mak siccar that a rypin hand
Will fairly come to grief.

Throu sun and shouer, throu wind and rain
'Twill naither jouk nor jee
But dauntonly it hens the warld:
'O wha daur meddle wi me?'

STREET TALK

There was a rammie in the street,
A stishie and stramash.
The crabbit wifie up the stair
Pit up her winda sash.

'Nou what's adae?' the wifie cried,
'Juist tell me what's adae.'
A day is twinty-fower hours, missis,
Nou gie us peace to play.

'Juist tell me what's ado,' she cried,
'And nane o yer gab,' cried she.
D'ye no ken a doo's a pigeon, missis?
Nou haud your wheesht a wee.

'I want to ken what's up,' she cried,
'And nae mair o yer cheek, ye loun.'
It's only yer winda that's up, missis.
For guidsake pit it doun.